빛으로 남은 줄 알겠지

이인평 시집

서정시학 시인선 209

서정시학

한 땀 모정의 한 줄 그리움이
바늘 끝처럼 행간을 깨운다
―「바느질」에서

서정시학 시인선 209

빛으로 남은 줄 알겠지

이인평 시집

서정시학

프롤로그

나, 혹은 너에게

다 살고 떠날 것처럼
시를 썼다
내 시는 언제나 나에게
마지막이었다

가장 나였던 순간에
떠오른 시상들
나에게 아무 거리낌도 없는
분신들

한 번 쓴 것은 돌아올 수 없는
나의 유서 같은
기억의 표정을 짓고 있다

늘 지금보다 먼저 살아왔던
순간들을 반추하면서
나, 혹은 너에게로 간다

차 례

프롤로그 | 5

1부

모래시계 | 13
기린 | 14
나팔꽃 | 16
단팥빵 | 18
피에로가 되어 볼까 | 20
낚시 1 | 22
게라서 괜찮아 | 23
놀부가 기가 막혀 | 24
산수유, 산수유 | 26
구름보기 1 | 27
저하고 같네요 | 28
안 웃으면 어쩔 건데 | 29
이반 솔코비치의 하루 | 30

2부

서랍속의 나 | 35
당신이 멈춘 시간 | 36
포인세티아 | 38
물고기, 그 이후 | 39
갯벌인 너는 | 40
하마 | 41
사막의 장미 2 | 42
목련 애상 | 43
쪽배 홀로 | 44
모네에게 | 45
동백 낙화 | 46
홍시 | 47
우린 청둥오리 | 48

3부

나는 나를 닮고 | 51
11월의 춘향가 | 52
고향은 홀로 | 54
나도 모르게 | 56
돌대가리 | 58
낚시 2 | 59
자코메티 생각 3 | 60
빵에 대한 상상력 | 61
초지진에서 | 62
바느질 | 63
11월의 편지 | 64

4부

내마음의 방향 | 67
지리산 | 68
황조롱이 일지 1 | 70
황조롱이 일지 4 | 71
황조롱이 일지 5 | 72
황조롱이 일지 6 | 73
황조롱이 일지 8 | 74
생일의 추억 | 76
소문난집 | 78
폭포 | 80
우정友情 | 81
상여꽃 | 84
바다를 품다 | 86
구름 추억 | 88
사랑을 위한 뮤지컬 | 89

해설 | 심안心眼의 서정이 불러온 아름다운 인생론적 순간들 | 유성호 | 92

1부

모래시계

빛과 어둠 사이에서
너는 흘러내린다

숨죽이며 살아온 일들도
천차만별의 아픔들도
때에 이르러 멈춘다

이것도 저것도 아닌
나도 너도 아닌
스스로 휩쓸리는 사이에
목숨은 흘러내려

너무 많은 것들의 생애가
서걱거리는 동안
더는 시간이 없다고
갑자기 떠날 때가 올 때까지는
흘러내려야 할 것이다

기린

케냐산 돌접시였어요
바오밥나무 옆에 기린 두 마리가 있는
그림이었지요
새색시 유방처럼 부드럽고 볼록한 접시를
만진 순간
기린 두 마리가 슬렁슬렁 즐거워할 때
바오밥나무도 가볍게 흔들렸지요
왠지 내 몸에서도 기린 무늬가 출렁이며
바오밥나무 밑동같이 튼실한
허벅지가 전율했어요
연노랑 배색이 마음에 드는 것만 보더라도
기린과 같은 느낌을 지녔나 봐요
기린의 황토색무늬처럼 가슴이 뛰는 천성으로
어깨를 들썩이며 흥겨웠으니까요
다리가 길고 목이 길어
먼 곳의 풍경을 눈에 담을 때마다
돌접시 같은 데다
시를 한 줄 한 줄 새기고 싶었을까요
유방처럼 부드럽고 볼록한 접시 안쪽 같은 데다
사랑에 겨운 기쁨을 적어두곤 했으니까요
어라, 갑자기 기린 두 마리가 입을 맞추며
내 마음을 잡아당기네요

차라리 기린이 되자, 기린이 되자
눈 딱 감고 기린처럼 근사하게 살면서
누군가에게 입을 맞추고 싶었네요

나팔꽃

순을 내밀어 제 세상을 둘러본다
공사장 옆 길가에 살아
밟힐 때마다 몸을 튼다
땅을 기어가는 여린 줄기들
목이 비틀리고 허리가 꼬인다

나팔꽃은 상처투성이다
줄기가 밟히면 줄기를 싸매고
순이 뭉개지면 다시 새순을 틔우고
오월 내내 상처로 허덕인다
유월의 첫 고비에도
신음하면서 꽃을 피우려고 줄기를 오므린다
꽃피우지 못하고 몸부림치는 나팔꽃은
온몸이 아픈 채로 길가에 간신히 누워버린다

골병든 사지와 뼈가 저린다
장마통에 잘린 나뭇가지 하나가
우연 나팔꽃 곁으로 휩쓸려와 걸쳤다
나팔꽃은 안간힘을 다해서 나뭇가지를 움켜쥔다
서로의 아픔을 위로하듯 보듬어 준다
꽃피우기를 잠시 멈추고
나뭇가지를 끌어당기며 타고 오른다

더 이상 밟히지 않을
나뭇가지에다 제 몸을 널어 두고
드디어 나팔꽃을 피워내기 시작한다
넝쿨마다 울음을 토하듯 꽃을 피워 낸다
귀를 기울이면 숨 가쁜 날들이 들숨 날숨
새파란 울음이 길다
까만 구슬처럼 단단하게 여문 씨앗들을
길가로 터트릴 땐 하늘도 떤다

단팥빵

명자는 빵을 좋아해
빵만 보면 기쁨이 빵처럼 부풀어 오르지

단팥이 꽉 찬 세상을
명자는 살지
단팥빵 같은 세상을 조금씩 맛보면서 살지

사람들이 단팥빵으로 보일 때도 있지
날마다 용케도 살아 있는
빵들
배가 빵처럼 볼록한 군상들이
빵처럼 쌓여 있는 풍경을 보면서
명자는 입맛을 다시지

날마다 먹어도 먹어도 끊임없이 쌓이는
단팥빵을 사 들고
명자를 찾아가는 단팥빵들이
때론 명자를 빵으로 만들어버리지

그래도 명자는 빵을 좋아해
빵만 보면 가슴이 빵처럼 부풀어 오르면서
빵 같은 세상을 뜯어먹으면서

삶이 빵빵해지면서
빵처럼 슬슬 구워지면서 명자는 살지

피에로가 되어 볼까

사랑은 다소 우스꽝스러운 것
인생이 늘 모자라 흔들리는 것처럼
슬픔을 머금고도 늘 웃는 얼굴로
그녀를 사랑했지

천만금을 준다 해도 이별은 슬펐지
사랑을 잃고 춤을 추는 게 싫었지만
피에로의 가슴은 따뜻해야 해서
허공을 향해 사랑이 넘치는 표정으로
아이들에게 희망을 북돋아 주었지

사실 난 버림받은 고아
무슨 복이 저리 넘쳐서 행복할까 하고
나만 보면 흥겨워들 하지만
그것은 나 하나로 족한 별종

홀로 살아간다는 것
예전에 우리 형이 말해 준 것처럼
외로움을 타고난 팔자라도
내 삶이 이토록 보기 드문 것이라면
기쁘게 견뎌 볼까
아픈 고독을 고상하게 길러서

나 없인 못 살 것 같은 인연이 오면
밝은 꽃으로 피어난
진짜 얼굴을 보여 줄까
정말, 그녀를 다시 만난 듯
죽는 날까지 사랑하면서 살

낚시 1

그는 실업자
어쩌다 강태공,
손끝에서 물고기가 튄다
그의 손바닥에서 비늘이 반짝인다

아직 때를 낚아 올리지 못하고
밥줄이 낚싯줄 같은 시대에
가끔 입질만 하는 물고기들
낚싯줄을 던질 때마다 하늘이 휜다

앗차, 이번엔 세상을 놓친다
노을빛 물가엔
빈 소주병과 신발 한 켤레

게라서 괜찮아

옆으로 걸어온 길도 아득하고
걸어갈 길도 아득하지만
처음부터 잘못되었다는 거를
모를 리 없지만

기쁜 일에도 뼛 속으로 숨어들었던
과거는 늘 죄스러운 것

게거품을 게워내는 일로 바빴던
기억을 내려놓고
언제든 옆으로만 피하느라
똑바로 걸어본 적 없고
똑바로 살아본 적 없어도 괜찮아

갯벌 같은 세상에서 눈알을 부라렸지만
밀물 썰물에 인연을 씻어 보면서
서로 용서하면서 괜찮아

놀부가 기가 막혀

현대판 흥부전은 곧 놀부전이라
흥부가 기가 막힌 시절은 이미 갔고
제비가 억지로 물어다 준 박씨는 아직까지
놀부네 집 마당에선 도무지 나질 않아서
날마다 배가 아픈 놀부놈이
홧김에 있는 재산 없는 재산 다 쏟아가며
제비가 물고 온 박씨를 간절히 구하느라
정신없이 눈과 마음을 부라리는디

돈 좀 있는 놀부놈들은 너나없이
온 세상이 제 것인 양 샅샅이 훑어가며
박씨든 복권이든 로또든 명당 찾아
구하고 사고 맞춰보다 거듭 실망하고서는
그러다 아예 주식이니 비트코인이니
부동산이니 심지어 다단계까지 쓱 맛보다간
이도 저도 안 풀리니 분노에 절어

제 맘대로 안 되니까 화풀이라도 마구 하듯
투덜거리다 보면 어느새 세월이 흘러
흥부네가 사는 강남 거리를 마냥 쏘다니며
늘그막에 강남에 사는 제비라도 잡아볼까 하고
잡히면 다리를 부러뜨려야지 하고

그러면 제비가 박씨를 물어다 줄줄 알았는데
결국 저 혼자 늙어 코로나 감염에다
폐렴에다 대장암까지 겹쳐 옹색하게 죽으니
놀부가 기가 막혀, 기가 막혀, 하다가

어느새 이렇게 글이 길어지는 바람에
썰렁한 장례식장 같은 건 생략하네

산수유, 산수유

이른 봄 햇살이
금가루를 뿌려 놓았다

맑은 하늘 아래
햇볕을 곱게 받으며
어머니와 표정이 환했던 추억이
가슴에서 핀다

천 년 전 중국에서
시집온 처녀가 처음 심었다는
산수유 시목始木
온 마을*을 노랗게 물들였던 때처럼
어머니는 지금 하늘나라에서도
이 꽃들을 보고 계실까

봄마다 새색시의 설렘같이
환한 꽃송이들을

---

* 산수유마을: 구례군 산동면 소재.

구름보기 1

너는 날마다
구름처럼 떠 있고 싶지

하지만
날마다 사라지고 있지

저하고 같네요

추억을 찾고 있나요
아니요, 추억을 찾아, 왔어요

몇 년 전 추억인가요
이제 삼 년 넘었어요

많이 아픈가요
차츰 괜찮아지고 있어요

눈물이 마를 때도 됐지요
그래도 가끔 나요

잘 견디세요
자꾸 노력하고 있어요

안 웃으면 어쩔 건데

거울 앞에서
나를 보며 웃었다

주름진 낯선 얼굴
어디서 본 듯한 추억 같은 것이
빤히 바라보는 눈동자에
어려 있다

얼마나 세상을 가볍게 넘겼던 웃음인가
울면서도 울 수만은 없어서
슬픔을 지웠던 웃음인가

내가 나를 보며 웃어넘겼다
살아서도 죽어서도 별반 다를 것이 없어
마주 보며 따라 웃었다

거울 밖의 세월을 잊은 채
웃어도 되는 세상이라고
안 웃으면 어쩔 건데
한바탕 웃음이 늦가을에 핀 소국 같다

웃으면서 돌아선 거울 속이
지나온 천 리 만 리 길이다

이반 솔코비치의 하루

새벽이었지
죽었던 사람들이 깨어났지
사람들은 무엇을 해야 하는 걸까
한나절이나 의미 없이 살고 있었지

첫눈처럼 사랑이 왔지만
금방 녹아버렸지
태양은 열두 시에 떠올랐어
노를 저어가는 배처럼 낮달이 떠 있었지
그때였어, 뮤지컬 영상처럼
비가 내리면서 기차가 천천히 역사를 떠나갔지

몇 번째 사랑인지 모르지만
음악이 들려오자
사람들은 우산을 던지면서 춤을 추었지
잠들 수 없는 인생을 안고
술을 마시다 말고 자신을 박차고 나왔지
공허했을까
별빛이 쏟아질 수밖에 없는 슬픔이
한 생애를 온통 엄습해왔지

제례처럼 고통을 입고
장송곡 같은 심정이 되는 건
하루를 넘길 때마다 은근히 찾아오는 침묵의 리듬 같았지
눕기 전까지 살아온 여정을 마무리하면서
빗장문을 잡아당겼지

아침이나 저녁이나 꿈은 영원한 것이었지
내 이름은 여전히 솔코비치였으니까
사람아, 나에게도 잘 자라고 인사를 해야지
내일이 오면 더 즐겁게 살 수 있겠지
새벽이었지

2부

서랍 속의 나

원목으로 만든 서랍장 속에 내가 있네
서랍을 열자
K 화백이 그려준 내 초상화가 나를 바라보네
너, 누구니?
하고 물어보려다 말고 아, 나구나!
대답해주니까 슬쩍 웃고 있네
나는 나를 만나
나보다 밝은 내가 부러워
서랍 속으로 들어가려고 했네
훨씬 젊은 나를 보며
어쩌면 아주 오래전부터 나를 기다리고 있다가
서랍이 열리는 순간
저보다 늙은 나를 조용히 맞이하네

서랍을 닫으려 하니
이번엔 서랍 속의 내가 서랍 밖의 나를 보며
너, 누구니?
하고 물어오면서 아, 나구나! 하면서
자꾸 서랍 밖으로 나오려고 하네
얼굴과 얼굴이 서로 자기를 만나는 사이
서랍을 열었다 닫았다 하면서
내 인생은 젊어지기도 늙어가기도 하네
웃음을 서로 여닫네

당신이 멈춘 시간

시계가 멈춘 시간은
10시 30분

시계가 멈추었다고 해서 시간이 정지된 것은 아니지만
멈춘 시각은 정확하다
시계는 분명 10시 30분까지 움직여 온 것이다
시계가 시간을 멈춘 그 순간을 지켜본 것은
빛 아니면 어둠
이 시계가 10시 30분에 시간을 멈출 줄을
누가 알았겠는가. 10시 30분
이후의 시간을 도저히 움직여갈 수 없었다는 것을
누가 미리 예측이나 했겠는가. 그러나 아직도 그가
언제 멈추어졌는지는 아무도 모른다는 것
그가 어느 시각에 삶을 멈추어버렸는지를
자신의 시간이 어느 때에 이르러 정지했는지를
자기가 언제 멈추어질지를
미처 시간의 주인에게 물어볼 겨를도 없이
그는 최후로 시간의 침묵에 덮였을 것이었으므로 아프다
시간의 침묵을 한 번도 두려워하지 않았을지는 몰라도
결국 자신을 멈춤으로 침묵이 된 사실을
그는 10시 30분으로 표시했을 뿐이다

당신이 멈추어버린 시간은 10시 30분
그것이 오전이었는지 오후였는지는 알 수 없다
그리고 이미 그것은 중요한 일도 아니다

포인세티아

멕시코에 간 것은 운명적이었어
다시 올 수 없는
슬픔이 기쁨으로 바뀌는 사랑 때문에
단 한 번의 환희에 너는 불붙고 있었지

포인세티아!
부겐빌레아와 여우꼬리 같은 이름 때문에
펑펑 쏟아지는 눈물 때문에

점점 내 가슴에서 붉어진
너를 보았지

너를 생각하면
죽어도 여한 없는
내 가슴에 불도장 같은 너

테페약 언덕*에 쏟아진 은총으로
타는 사랑으로

단 하나의 상징을 완성했던 순간에
포인세티아, 포인세티아
너는 나에게, 나는 너에게 타오른다

---

* 테페약 언덕: 역사상 최초로 과달루페 성모가 발현했던 성지.

물고기, 그 이후

이제 물고기는 물에서 살지 않는다
썩은 물, 허물을 벗어 두고
물고기들은 물을 떠났다

지느러미는 날개가 되어
깃털이 된 비늘을 번쩍거리며
물 밖으로 모두 날아올랐다
물속보다 빠르게 떠났다

이제 물속엔 물고기들이 없다
세상도 거의 끝나 간다
어느새 물고기들이 떠난 지도
아주 오래라고 말할 때가
다가오고 있다

갯벌인 너는

해는 애무하고
바다는 껴안고

무수한 자궁에서
생명은 반짝반짝
끝없이

일출 일몰에 달아오른 몸
밀물 썰물이 씻어주는 몸

바라볼 때마다
젖은 채로 누워 있다

하마

키시스톤을 매끄럽게 갈아 만든
달걀보다 약간 큰 노랑 하마
상하로 검은 띠를 등에 두르고
음각된 하얀 꽃무늬 다섯 개
대가리보다 주둥이가 더 커서 익살스러워
볼수록 영락없이 케냐 사람의 유머 같아
툭 건드려 본다
이 작은 하마상을 만들어낸 심성이
마냥 즐겁고 흥겨운 리듬으로 슬며시 다가온다
어느 삐쩍 마른 흑인 노인이
태양 아래 두툼한 입술을 삐쭉거리며
무심코 하마를 빚어낼 때
인생이 다만 즐거움으로 무르익은 흥감이
내게로 느긋이 밀려든다
홀로 도타운 미소처럼 무심의 경지로 드러나서
행복을 한껏 전달해 준다
어느새 그의 흥감이 나를 노랗게 물들인다
하마하고 친해진 나의 미소가
하마를 만든 사람에게로 되밀려 간다

사막의 장미 2

어차피 죽을 일이라면
그때까지 살 일

꽃 한 번 피우고 나면 끝이라 해도
아직
아름다움을 스스로 보며 아껴 줄
시간은 있지

죽을 때까지 제대로 살고
사는 날까지 제대로 죽어가서
죽기까지
더없이 행복했던

살았다는 것
그것 하나면 충분하지

목련 애상

겨우내 품었던
하얀 꿈을 열어
새봄을 맑게 산다

꿈도 잠깐인
잎을 보기도 전에
꽃잎은 져서
하얗게 낭자하다

저리 밟히도록
너는 애잔하다

하얀 꽃신인 듯 슬퍼
나도 따라 밟지 못한다

쪽배 홀로

행주산성 나루에서
바람에 흩날리는 버드나무
잎잎이
한 편의 시가 적힌 쪽배가 되어 떠간다
세상의 시편들도
군상들도 저와 같으리
쪽배에 실린 몸, 쪽배에 적힌 시가 되어
홀로, 홀로

모네에게

생명은 물에서 태어나고
너는 눈물 속에서 꽃을 피웠지
눈물에 씻긴
한 송이 수련으로 피어났지

물속 어딘가에 숨겨둔 비밀인 양
분홍빛 행복이 물에 어렸지만
아무도 출렁이지 않았지

아주 잠깐이면 생은 끝이라
사랑은 끝이 없을 거라
가슴에 고인 눈물의 연못 속에서
마냥 피어날 거라
고요를 흔들며 말했지

사랑에서 너는 늘 피어나지
그것이 미움일지라도
날마다 수련으로 피어나
영원히 죽지 않을 것처럼

동백 낙화

한겨울에도 생은 뜨거워
죽어도 붉다

어차피 열정이어서
핏빛으로 살아온 내력이어서
아쉽지 않다

천만년이 흐른다 해도
피고 지고 피고 지고
같은 길 같은 사랑이

슬픔이 뜨겁다
끝내 너를 품어 더욱 붉다

홍시

감꼭지에서 쏙 빠져나온
홍시 같은 시를
어머니께 읽어드렸다

어머니와 나는 달콤해졌다
내 시는 따뜻해서
어머니와 내가 무르익었다

하루 종일 홍시 같은
시의 기쁨

시가 익을 때를 기다려서
내게 귀를 기울이시는
어머니를 위해
나는 기쁘게 시를 쓰고…

시는 마침내 그리움인가
홍시처럼 고이 떨어져 간
어머니를 생각하면
시도 덩달아 그렁그렁하다

우린 청둥오리

한 시절을 날개의 문양같이 새겨가며
오리발처럼 흥겹게 스텝을 맞출 때
행복은 발가락 사이를 감도는 물결이었지
청춘의 이름으로 한세상을 자맥질하며
사랑 하나로 먼 길을 가야 하는
운명의 여정을 두고
꿈은 하늘을 날면서도
사랑이라고만 하기엔 삶이 도탑지가 않아서
기쁨을 품을 수 없었지
겨울을 피해도 겨울이 되몰려 오는
추위를 온순히 견뎠어도
돌에 앉아 햇살에 겨워 눈감아보지 않고는
아쉽고 미더운 생애를 두고
그것이 사랑인 줄도 모른 채로
서로의 마음을 넌지시 출렁이다 보면
다정도 진풍경이었지
말 없는 사랑으로 물결의 파문을 그리며
햇살을 따라 흥겹게 둥실거렸지

3부

나는 나를 닮고

해가 호수에 비친다
해가 자기 해를 들여다본다
반사된 빛이 본래의 빛을 본다

작은 호수
거기에 비친 나를 본다
나는 나를 닮고
하늘빛에 환해진 내 얼굴을 본다

중천에 뜬 해가
소호小湖! 소호小湖!
라고 날 부르는 소리에
해를 닮은 내 표정이 떠오른다

해가 없으면, 내가 없으면
호수도 없고 닮을 일도 없으면
기억들은
소호小湖! 소호小湖! 다정히 부르던
그를 만나 함께 떠난 줄 알겠지
빛으로 남은 줄 알겠지

해는 해를 닮고, 나는 나를 닮고
기억의 빛이 홀로 환할 뿐

11월의 춘향가

고수가 북장단을 울리자
움츠렸던 겨울이 놀라 깨어난다
골목을 쓰는 명창의 소리에
회오리를 타고 낙엽이 솟구친다

한밤중 소릿방에는
고수 한 명, 명창 한 명, 귀명창 한 명
고요히 찻상을 물리고, 춘향가 중
도령이 춘향을 꼬드기는 대목이 풀리면서
목청을 오르내린다
홀연 내 사랑이 안타까워 마음이 찔린다

밑도 끝도 없이 만났다간 헤어지는
심지 짧은 청춘들이 소리 속으로 파묻히면서
허탈한 꿈들이 북채를 맞고 도망치듯
사랑가 한 대목만도 못한 세태가 목에 걸린다

목숨 걸고 애가 타는 사랑은 아니어도
봄꽃이 피어나듯 한겨울도 따뜻해지는 인생을
살포시 안아 볼 도령과 춘향의 사랑같이
언약이 천금인 금슬을 추슬러 보는데
아뿔싸! 부부금슬은커녕 어린 것들까지 갈라선

외종사촌 판석이가 떠올라
소리가 자꾸 가슴을 빠져나가지 못하고
북이 울릴 때마다 자맥질을 거듭하는 사이에
도령은 벌써 춘향을 업고 돌며 뜨겁다

세상 정분의 아픔들이 소리 속으로 사라진 듯
이별보다 뜨거운 사랑에 추임새도 흥거워져
꼿꼿한 11월도 절로 누워 안고 돈다

고향은 홀로

고향은 홀로 빈집이지
봄이면 몰라도
지금의 겨울 화단은 쓰레기더미 같아
거기에서 수선화가 피어난다는 것은
상상도 할 수 없지
여름이면 몰라도, 뒤엉킨 나목뿐인 둔덕에서
자귀꽃을 피우고 비비새 소리를 품는다는 것은
짐작도 할 수 없지

고향의 겨울은 무척이나 쓸쓸하지
가을이면 몰라도
지금은 마른풀이 너저분한 마당이지만
어머니와 내가 맨발로 서서
맑은 하늘 보며 미소 짓던 시절이 있었다는 것은
쉽게 떠올릴 수도 없지

고향은 어느새 빈집들이 늘어나서
저 홀로 꽃이 피고 새가 우는 계절을 지내지
이렇게 삭막한 겨울이면
고향은 때로 날 불러다 마주 보곤 하지
마음속에 꽃이 피고 새가 울고
어머니 손을 반갑게 맞잡은 풍경을 살기도 하지

외로운 가슴을 눈에 밟히게 하면서
순박했던 추억들을 하나씩 꺼내주기도 하지

나도 모르게

새벽에 눈을 뜨고
잠시 무엇인가를 골똘히 생각할 때
밥을 먹다 말고 긴 통화를 할 때
홀연 반가운 일이 생겨서
집안을 이리저리 다니면서 기쁨을 감추지 못할 때
친구의 부음을 듣고 놀랄 때
어머니와 함께 봄꽃을 바라볼 때
시를 쓰다 말고 추억이 떠올라
눈시울을 적시며 창밖을 바라볼 때
그대와 함께 신나게 여행하며
사랑보다 아름다운 것은 없다고 말할 때
친구들과 어울려 술을 마시며
인생 별것 아니라는 말이 농담이 아니었을 때
입만 열었다 하면 음담패설을 줄줄줄
감칠맛 나게 쏟아내는 Y를 만났을 때
뜻밖에도 행운이 찾아와
꿈인지 생시인지 구분이 안 될 때
밤늦게까지 깨가 쏟아지는 일로 몽롱할 때
일에 쫓겨 정신없이 동분서주하며
다른 일엔 전혀 신경 쓸 겨를조차 없을 때
해안을 돌다가 낙조를 바라볼 때
강변에 낙엽이 흩날리는 늦가을 오후에

알비노니의 아다지오를 들을 때
떠나간 사람들의 얼굴이 떠오르며
함께 했던 순간들이 주마등처럼 스칠 때
어느 낯선 곳에서
찻잔을 마주하고 고요히 앉아 있을 때
집안을 정리하며 책이며 갖가지 물건들을
버리기 전에 거기에 담긴 추억을 잠시 회상할 때
어디론가 떠나기 위해 가방을 챙기다 말고
괜히 책에 빠져 배고픈 줄도 모를 때
그리고 마음을 모아 기도할 때
흘렀지, 나도 모르게

돌대가리

마침내 돌이 되고 돌대가리가 될 수 있다면
그건 대단한 거지

바보 천치 돌대가리 같은 놈이라고
돌만도 못한 놈이 내게 별소릴 다하네

돌대가리라니? 나는 사실 돌이라고 말했지
분명코 돌대가리라고 거듭 말했지만
내 말을 못 알아듣다니

돌이 되어보지 않고 어떻게 돌을 말할 수 있나
한 점 돌이 된다는 것은
얼마나 대단하고 단단하고 위대한 것인지도 모르고
함부로 돌을 말하는 대가릴 가지고
전혀 돌이 될 수 없는 먼지 같은 대가릴 가지고
감히 돌대가리를 운운하다니

돌 맞아 죽을 놈들이 하도 수두룩해서
차라리 나는 돌이 되고 말지
짐짓 근엄하게 돌처럼 입을 다물고 말지

낚시 2

울음이야 눈물이야
아가미로도 쉬이 넘치는 슬픔
죽음도 제대로 못 죽을 팔자같이
낚싯바늘에 걸린 인생

서로 목에 걸려 서로 아파하는
긴긴 설움을 당겨댈 때
하늘이 휘도록 서로 대를 당겨
오나가나 삶이 팽팽해서 못 보겠다

인생이 온통 절망이라
자나 깨나 삶은 애틋해도
수십 년 견뎌온 고난이 아까워
한 생애를 오롯이 살겠다

자코메티 생각 3

세계는 시시각각으로 변했지
하지만 사람들은
왔던 곳으로 되돌아가는 중
혹은 제자리에서 맴돌고 있는 중

이제 움직이지 않기로 해야지
삶의 한순간을, 가장 홀로 힘들었던
고통의 정점을 가늘게 빚어내야지

나머지는 먼지로 사라지겠지
배배 말라비틀어진 형상 하나면
남을 것도 없지

처절하리만큼 간절했던 순간을 착지시켜
더는 넘어지지 않게 세워 두면
아, 그래, 저거였어, 바로, 나였어, 바로
우리였어, 하고 말할 때

이미 울음이 멈춘 것을 알고
덩달아 안 울겠지, 서럽고 서러운
사랑인 줄을 알고 조금씩 살이 붙겠지

우선 이것을 한 점 세워 둬야지

빵에 대한 상상력
— 빵석石

너를 보면
갓 구운 빵 냄새에 군침이 돈다

굶주림의 기억들이 떼로 몰려들어
한 번쯤 배부르게 먹어 보고 싶었던
사랑이 부풀어 오른다

빵만으로는 살 수 없는
나는 당신의 것
사랑은 지극하고 영혼은 구수한 빵

당신이 아니면
빵을 떼어 먹여주듯
사랑을 떼어 먹여줄 사람도 없는,
이승에서 허기진 가슴이
빵처럼 구워질 것만 같은데

돌 더러 빵이 되라고 명하는 순간에
돌 같은 마음이 말랑말랑
빵처럼 부풀고
빵보다 귀한 숨결을 가득 채운 사랑은
여한이 없고
나는 여전히 당신께 귀를 기울이고

초지진에서
― 박희진 시인을 떠올리며

사백 년 된 초지진 노송 두 그루가
설경을 뽐낼 때
내 가슴에서
추억이 하얗게 녹아내린다

겨울에서 봄으로 가는 길목을
눈보라로 휘감는 숨결에
생전에 함께 왔던
그분이 되살아 온다

그때나 지금이나
시를 품고 오가는 몸이건만
유난히 그리움을 쓸어 담는 설한풍에
울먹이지 않아도 눈시울이 젖는다

소나무여, 너는 사백 년을 살아
노옹의 혜안으로 나를 굽어보는가
스승도 애인도 없는 날 보며
의연한 기품으로 내 회상을 안아주니
슬픔도 푸르게 곧아 밀물진다

바느질

어머니가 바느질하듯
시를 쓴다

한 땀 마음 한 줄 정성이 시로 빚어져서
눈앞에 선한 어머니

동치미를 꺼내 오는
어머니의 눈 밟는 발소리에
절로 입맛이 돌 듯
추억의 기쁨이 시로 배인다

한 땀 모정의 한 줄 그리움이
바늘 끝처럼 행간을 깨운다

11월의 편지

두 사람이 서 있으니 11월이 됩니다
둘이서 한 곳을 바라보는
사랑도 나란한 인연이 아름다워
그 모습 바라보는 사람도 춥지 않습니다

가을이 저물고 겨울이 차츰 깊어져도
사랑이 더욱 따뜻해지는 11월

산을 넘어오는 눈구름이
기쁨을 뿌려주듯 첫눈을 내려준다면
삶의 마디가 절로 단단해지며
추억도 새순을 하늘로 뻗어 올리겠지요

찬바람에도 더 가까워진 사랑으로
서로 함께 움츠려 미소 띠는
행복한 순간들이 가슴에 안기는 11월
어느새 첫눈이 축복처럼 내릴 겁니다

뜻밖에 찾아온 반가운 사람같이
생의 아픔을 고이 껴안고도 남을 기쁨이
내내 그대에게 오롯하기를 빕니다

4부

내 마음의 방향

생각은 동쪽으로 흐르고
그리움은 서쪽으로 흐르네

이끌림은 핏줄인가 사랑인가

한평생을 다 산다 해도
풀리지 않을 수수께끼

때론 남쪽만을 바라보네

아침이면 들이쉬고
저녁이면 내쉬는 삶의 숨결을
침묵의 선율을
나이 들수록 고요히 연주하네

핏줄도 사랑도 한 몸같이 아끼며
추억도 미래도
담담히 맞이하여 고이 품네

지리산

너는 어머니 뱃속 같았지
나를 낳아줄 때
한꺼번에 양수가 터진 것처럼
장마철이면 온 산에서 물이 흘러넘쳤지

만삭이 되면 구름도 부풀고
수묵화처럼 산안개가 피어오르는 날
너는 영원히 잊을 수 없는
웅대한 기상을 내 안에 깊이 심어 주었지

장차 너를 만날 수 없으리라는 것을 알고
어린 나를 능선 이리저리로 구르게 하여
지문처럼 너를 내게 새겨 주었지

네 품은 워낙 커서
장차 내 설움까지 아늑히 품어줄 요량으로
젖을 빨리고 밥을 먹여서
죽도록 견뎌낼 희망을 뼈에 다져 넣고는
가라, 떠나라 했지

어딜 간들 너만 한 어미가 있으랴
다 살고 나도 네 품일 수밖에 없는 산아

다 겪고 나도 네 사랑일 수밖에 없는 산아
대처를 돌며 세월이 흘렀어도
어머니! 어머니! 하고 너를 부른다

황조롱이 일지 1

우리 아파트 25층 작은방 발코니에서
7년째 터 잡고 있는 황조롱이 한 쌍
산란기를 맞아 짝짓기에 바쁘다

매년 3월 중에 알을 여섯 개 정도 낳는다
암수가 교미하는 순간은 늘 짜릿짜릿

암컷이 생식기를 쳐들면 나도 들린다
수컷이 생식기를 움직이면 나도 선다

봄마다 황조롱이의 삶을 보고 있다
아침 햇살이 고요히 알을 비출 때
지상은 더없이 평화로운 시간
내게도 은총이 알처럼 안긴다

황조롱이 일지 4

황조롱이는 맹금이다
날카로운 부리와 발톱으로 먹이를 잡아 와서
새끼들에게 골고루 뜯어 먹인다

나는 새벽마다 부엌에서 밥상을 차려냈던
어릴 적 어머니 모습을 떠올린다
끼니가 모자랐던 친구네 어머니도 떠오른다

새끼들을 두고 먹이를 구하러 간 황조롱이
먹이를 구하자마자 둥지로 날아드는 황조롱이

알이 부화하기까지는 수컷이 먹이를 잡아 온다
알이 부화 된 뒤엔 암컷도 먹이를 구해 온다

우리 부모는 팔 남매를 키웠다
한평생을

황조롱이 일지 5

황조롱이와 살다 보니
어느새 나도 새가 되었다

멋지게 하늘을 날며
생을 즐기듯 활강을 한다

나는 모든 것을 버리고
시혼의 날개를 얻었다

세상의 욕망을 비워내고
푸른 하늘을 얻었다

황조롱이와 나는
두려움이 없다

황조롱이 일지 6

내가 이른 새벽에 시를 쓰고 있을 때,
황조롱이도 새끼들을 둥지에 놓아둔 채
먹이 사냥을 나갔다

황조롱이는 좌절을 모른다
그들에게도 삶과 죽음은 운명일 뿐,
열심히 날고, 열심히 낳고
열심히 새끼들을 기르는 모습은
축복받은 자연의 숨결이다

황조롱이는 빠르고 용맹하고 검소하다
먹이도 용맹도 낭비하지 않는다
하루하루 두려움 없이 살아가는 용기,
황조롱이에게서 은총을 깨닫는다

황조롱이 일지 8

갑자기 이른 아침부터 까치 떼가 몰려와
격렬한 영공 다툼이 벌어지자, 이내
아파트 단지는 온통 앙칼진 새소리들로 소란했다
황조롱이 수컷은 드디어 매다운 용맹을 펼친다
암컷은 새끼들을 지키면서 순간순간 협공을 하고
수컷 혼자 까치 떼를 물리치는데 과연 일당백이다
수컷에게 집중적으로 공격하는 까치 떼를 맞아
용감무쌍하게 전개하는 전략 전술이 일품이다
둥지에서 새끼들이 그 광경을 지켜보는 가운데
한 시간 정도의 싸움에서 승리를 거둔 수컷이
앞 동 지붕 위의 피뢰침 끝에 앉아 숨을 고를 때
황금 월계관을 머리에 쓴 듯 햇살에 빛났다

「황조롱이 일지」노트

 13년 전 뜻밖에도 서재로 쓰고 있던 작은방 발코니로 황조롱이 한 쌍이 날아들었다. 마치 시인을 지켜주려고 온 수호천사들 같아 얼마나 반가웠는지 지금 생각해도 마음이 두근거린다. 발코니라고 해보았자 에어컨 실외기를 놓기 위해 만들어진 좁은 공간인데, 그곳을 그냥 비워두기보다는 꽃씨라도 심어볼까 해서 직사각형으로 된 바둑판 넓이의 고무통(다라) 두 개에다 흙을 채워두었던 곳이다. 처음엔 화초를 심기도 했지만, 어느새 화초들은 사라지고 잡풀들이 제멋대로 자라서 우거지기도 하는 바람에 그런대로 그것도 괜찮다고 여겨 방치하고 있던 차에 그놈들이 찾아와 그중 하나에다 둥지를 틀었다. 그로부터 장장 7년을 함께 살게 되었는데 어느덧 그놈들을 떠나보낸 지도 5년이 지났다. 특별한 체험이었다. 아마 조류독감의 위험이 없었더라면 지금까지도 대를 이어 살았을 것이다.

 천연기념물 제323-8호인 황조롱이는 텃새이면서 매에 속한다. 작지만 본능적으로 날카로움과 예리함을 지녔다. 얼핏 보면 귀여우면서도 매다운 용맹스런 습성을 대하면 자못 위협을 느끼게도 한다. 그놈들에게서 맹금류의 타고난 생존본능을 보면서 많은 것을 느꼈다. 이를테면 빠른 판단력과 직관 능력, 자유자재하면서도 어디까지나 유연한 동작, 그리고 새끼들을 사랑으로 엄격하게 기르는 지혜와 스스로 방심하지 않은 냉철한 자기관리 같은 것들이다. 그놈들과 함께 살다 보니까 내 시 정신도 황조롱이의 생태적 습성과 유사한 점이 있다는 것을 알게 되었다. 나 역시 40년 넘게 시를 써오면서 나름대로 나만의 습관이 있다. 오래 생각한 끝에 정작 시를 쓸 때는 빠르게 쓰는 것이다. 마치 황조롱이가 공중에서 정비범상停飛帆翔하고 있다가 먹잇감이 나타나면 한순간에 쏜살같이 낚아채는 것과 같다. 일지 몇 편 추리면서 한때 황조롱이와 유유상종類類相從하다 보니 이런 말까지 나온다.

생일의 추억

객지를 떠돌던 시절, 한겨울 생일에
먹을 게 없어서
혼자 방바닥에 앉아 시를 다섯 편 썼지

다섯 번 울지도 않았고
다섯 번 웃지도 않았고
다섯 번 원망하지도 않고 썼지

내겐 늘 생일이어서
날마다 새롭게 태어나고 태어나지 않으면 안 되는
희망이어서

용기를 내어 시를 쓰면서
차라리 생일이 없었으면 하는
생각 따윈 안 하고 썼지

축하받을 생일이었지만
어쩌면 지금보다도 더 자축할 일이었지만
생일에 대한 기쁨을
다섯 번 넘게 가져본 적도 없지

시 다섯 편을 쓰고 나니
어느새 생일이 지나간 줄도 모르게
다시 해가 떠올랐지

근데 오늘이 내 생일인 줄을 어찌 알고
그때 다섯 편의 시가 손님처럼 찾아올 것만 같은데
해를 품고 견뎌온 쓸쓸한 기억들이
손님보다 먼저 와 시를 읽어주려는지
시어들이 촛불처럼 일렁이네

소문난 집

음식이 맛있고 값이 싸다고 소문난 집이었지
인생이 불행하다고 아픔뿐이라고 소문난 사람도 있었지만
인생이 맛있는 사람도 있었지
사람들은 소문이 나려고 안달하지만
정작 소문난 집 사람들은 조용했어
좋은 것과 나쁜 것 사이에서 소문은 살고 있지
자기가 소문의 주인공이 되는 순간
그 소문의 의미에 대해서
한없이 미궁으로 빠져들고 마는 것이
맛있는 음식 같았지
유명해지면 소문을 먹고 사는 거지
점점 떠오르다가 홀로 뚝 떨어질 때까지 유효한 음식이지
값이 싸서 남을 것도 없는
소문난 집처럼
사람들이 들끓는 동안엔 함께 즐겁다가
시절이 바뀌고 입맛이 변하면
초야에 홀로 나앉지
소문나지 않은 침묵이 되어 스스로 자자드는
인생은 정말 쓸쓸
소문나고 싶어서 유명해지고 싶어서
안달하는 동안 더욱 초라해진 사람들 속에서

헛소문 같은 삶을 그리며
마침내 너는 살고 있지, 하얀 백지 위에서
조용하기로 소문난 산속같이
시를 짓고 노래를 흥얼거리며
봄 햇순처럼 살고 있지

폭포

쏟아져 내려야만 했다

삶이 답답할 땐
차라리 떨어져 죽을 정도로
몸을 던져 버리고 싶은

너는 그렇게

내 마음까지 쏟아 내려서
명줄까지 아찔하게 내던져서
다시금 펄펄 살아 흘렀다

그것이 희망이었다

한 번은 미련 없이 버리고자
목숨을 안고 뛰어내린
삶이 간절한 사랑이었다

네 꿈은 그렇게

한 생애를 쏟아지게 해서
생의 울음이 귀에 쟁쟁하도록
고난을 품고 흘러갔다

우정友情
一 설봉雪峯*을 떠나보내며

가난했던 시절
말은 하지 않았어도 서로
잊지 말자고
먼 훗날 지금 여기에 와서도
한 몸처럼 한 생각으로
의리를 지켜왔지

세월 따라 점점 늙어가면서도
순수하고 순박했던
동심을 지니고 언제나 그리웠던
친구야

살면서 아프지 말자
너무 걱정하지 말자고 다독이며
서로를 위해 기도해 주면서
사랑보다 깊은 믿음으로
삶을 위로했지

지치고 힘들고 외로워도
아프고 화나고 고통스러워도
웃으면서 잘 참아 견뎌내자고

---

* 설봉雪峯: 2021년 2월 25일 소천한 장영철 화백, 국악인의 아호.

어떻게 하면 더 좋은 말을 해 줄까
더 깊은 희망과 용기를 북돋아 줄까 하면서
서로를 위해 간절했던
우정

친구야, 네가 떠나고 비 내릴 때
나는 오히려 행복했다
우리가 세상에서 꿈꾸고 노력하고
안간힘을 다해 추구하고 얻었던
그 무엇으로도
서로를 위해 주었던 우리의 우정이 지닌
아름다운 가치를 넘어설 수 없음을 알았기에

그래, 우리의 우정만으로도
이미 천금보다 소중한 행복을 살았으니
이 세상에서도 저세상에서도
이런 사랑, 이런 보람 누리자고
기쁘게 외쳐도 되는,
친구야, 잘 가라고 안녕, 안녕
손을 흔들면서도
슬프지 않구나, 아쉽지 않구나

그토록 천진난만했던
네 모습, 네 표정이 눈앞에 선해도
그럴수록 너를 만나 행복했던 추억들이
내 마음에서 봄꽃처럼 피어나서
언젠가는 너를 다시 만나
천상에서도 시를 쓰고 노래 부르는,
우리의 영상이 눈물에 어려 오히려 기쁘구나
친구야! 잘 가~ 안녕, 안녕!

상여꽃

사십여 년 전, 아버지의 상여가 떠오르는 건
그때는 몰랐던 꽃빛깔 때문

아직 관을 상여에 얹기 전
햇살 머금은 상여꽃의 양감에 슬픔이 배어들어
한 번 떠나면 다시 돌아올 수 없는
아버지의 미소 같았던
노란 꽃, 파란 꽃, 하얀 꽃, 붉은 꽃들

한평생 농부로 살아온 아버지의 설움 같은
마지막으로 기억할 아버지의 유언 같은
꽃빛들

내가 죽기 전까진
아버지의 죽음은 늘 오늘
나 죽는 날, 아버지도 마저 떠날
상여꽃 만큼도 화려하지 못한 요즘 같으면
슬픔 머금은 꽃빛을 보며
추념할 사이도 없겠지

요령 소리며 하관 후에 활활 태우는
꽃상여의 마지막 불꽃을 보며
함께 타오를 애통함도 없겠지

그땐, 마당 가에 꽃상여가 놓이는 순간
슬픔도 색색으로 피어 있는 꽃들이
나를 달래주는 아버지의 숨결 같아
지금도 내 눈물 속엔 상여꽃
아른아른 맺힌다

바다를 품다

어젯밤
풍랑을 휘몰아치던 바다가
오늘 아침엔
고요히 햇살을 반짝이고 있습니다

제 마음도
지금은 고요하고 평화롭습니다
하지만 언제 풍랑을 일으킬지 모릅니다
미풍이 폭풍으로 변하고
폭풍이 미풍으로 변하기까지
나도 내 마음을 모르는 세상입니다

진짜 아니면 가짜일 수밖에 없는
욕망의 세력들이 풍파를 일으킬 때마다
사람들도 바다처럼
서로의 이랑을 세차게 몰아칩니다

내 마음이 변덕을 부릴 땐
당신을 부릅니다
폭풍보다도 강한 당신의 평화를 찾아
아늑히 고개를 숙입니다

당신이 아니고선 편할 길 없는
피신처에 깃들어
나는 드디어 생명의 숨결을 가다듬어
당신의 자비를 고요히 찬미합니다

구름 추억

아버지와 논에서 지게로 흙을 져 나르다 말고
논둑에 벌렁 누워
아, 저 구름에나 누워 그대로 잠들었으면
잠든 꿈속에서 영영 깨어나지 말았으면
스르르 고통 없는 하늘로 날아만 가는데

지게질에 피멍 든 양어깨
슬쩍 잠든 꿈속에서까지 쓰려
속울음을 참아가며 다시 몸을 일으킬 때
아, 아버지
나를 안쓰럽게 바라보는 아버지의 눈 속에선
흰 구름인지 먹구름인지 구름도 젖어
차라리 구름을 타고
마냥 젖어 날고 싶기도 했지

사랑을 위한 뮤지컬

세월이 우리를 쓸어가기 전에 사랑을 해요
사랑의 기쁨을 미루지 마세요
지금 행복하지 않다면 끝까지 외로워요
아무것도 두려워하지 마세요
정작 우리는 사랑이 아닌 것을 두려워해야 해요
사랑이 우리를 사랑으로 이끌어 줄 거예요
온 우주를 만든 분이 모든 것을 사랑으로 만들었으니까요
사랑하지 않는 건 주어진 운명과 사명에 대한 외면이지요
시간도 세월도 사랑하는 순간 영원의 깃털처럼 부드럽죠
사랑을 미루지 마세요
그것이 어느새 스쳐 지나가기 전에 망설이지 마세요
불행이 당신을 기웃거리고 있다가
사랑이 떠난 것을 알고 당신을 삼켜버리기 전에
사랑을 하세요, 우린 사랑을 위해 태어났어요
사랑이 아니라고 속삭이는 갈등의 덫에 걸려들지 마세요
사랑을 잃고 몸부림치는 세상을 보세요
사랑이 없어 차가워진 가슴들을 보세요
사랑 없는 유령들을 보세요
돈도 지위도 명예도 사랑이 아니라면 의미 없어요
사랑 없는 삶은 무미건조해요
사랑의 화신처럼 온 마음이 행복의 불길로 타오르게 하세요

사랑으로 인생을 달려가세요
허상의 유혹을 뿌리치고 사랑을 향해 돌진하세요
사랑이 아닌 일에 정신을 팔지 마세요
점점 복잡하고 산만한 세태에 휘말리지 마세요
사랑만이 우리를 사랑의 정점으로 인도하니까요
사랑이 사랑에 이끌려 사랑으로 온전히 살아야 해요
사랑이 아니라면 무엇을 바라 살겠어요
사랑은 부드러운 연금술 같아요
사랑하는 순간 모든 것이 행복으로 변하니까요
사랑이 마음의 문을 열고 행복을 꽃피우게 하세요
시간과 세월이 사랑 안에서 아기처럼 잠들게 하세요
온 세상이 고요하게 잠든 아기처럼,
보세요, 이미 우리는 사랑으로 말미암아 행복을 살고 있네요
서로를 평화롭게 바라보며 주어진 운명과 사명이
사랑 안에서 일치를 이루고 있네요
아기의 눈동자처럼 맑은 순수를 호흡하고 있으니까요
삶의 정답은 사랑이라고 서로에게 말해 주네요
외로움과 괴로움에 사로잡히기 전에 사랑을 하세요
사랑만이 우리의 모든 두려움을 해결해 주지요
그것이 스스로 결정해 나가야 할 최선의 목표임을 아는 순간,
당신은 어느새 사랑의 기쁨으로 행복해지고 말지요

당신과 나, 우리 사랑을 해요
그것이 우리가 바라는 모든 것이에요
사랑의 가치만이 모든 것을 우리의 것으로 만들어 주지요
사랑만이 우리를 깨닫게 하고 존중해 주지요
사랑보다 아름다운 풍경은 없어요
사랑보다 뜻깊은 일도 없어요, 기뻐하며 춤을 추세요
보세요, 삼라만상 천지 만물이 날마다 사랑하고 있어요
해도 달도 별들도 오직, 사랑으로 빛나고 있어요
그대를 위해, 우리를 위해, 사랑을 위해

해설

심안心眼의 서정이 불러온 아름다운 인생론적 순간들
― 이인평의 시 세계

유성호(문학평론가, 한양대학교 국문과 교수)

1. 서정시의 궁극적 자기 회귀성

본래적으로 서정시는 시인 스스로의 자기 탐구와 확인 과정에 강력한 존재 근거를 둔다. 나르시시즘의 차원이든 타자 지향의 차원이든 서정시의 초점이 시인 스스로를 돌아보고 지나온 시간을 수습해가는 데 있음은 널리 알려진 사실일 것이다. 물론 최근에는 내면과 사물 사이의 균열이나 괴리 양상을 포착해가는 이른바 반反동일성의 미학까지 포괄하는 사례들이 점증하고 있지만, 그럼에도 서정의 근원적 자기 회귀성은 그 비중이 결코 줄어들지 않는다. 이러한 서정시의 궁극적 자기 회귀성은 사물에서 빚어낸 새로운 의미를 시인 자신의 삶과 등가적 원리로 결합하려는 은유적 속성을 곧잘 구현하게 된다.

그래서 내면의 힘으로 사물의 고유성을 발견하고 다시 자신의 삶을 성찰해가려는 궁극적 자기 회귀성은 서정시에서 사라지지 않을 것이다. 또한 그 성찰의 힘으로 스스로에게 새로운 활력을 불어넣으려는 시적 상상력의 역할 또한 위축되지 않을 것이다. 이인평 시인의 일곱 번째 시집 『빛으로 남은 줄 알겠지』(서정시학, 2023)는 이러한 서정시의 원리와 가능성을 충실하게 성취하면서 미학적 심화를 이룬 성과라고 할 수 있다. 진중한 회상과 성찰의 과정을 구축해가는 시인의 목소리는, 사물의 개별성을 전혀 훼손하지 않으면서도 그 안에서 삶의 깊은 이법理法을 유추해가는 데 커다란 적공을 들이고 있다. 가령 시인은 "가장 나였던 순간에/떠오른 시상들"(프롤로그, 「나, 혹은 너에게」)을 수습했다고 하였는데, 그 아름다운 인생론적 순간들이 말하자면 이번 시집의 확연한 배경이자 주제일 것이다. 이 글에서 그러한 이인평 시인의 열정과 성과를 만나보도록 하자.

2. 존재론적 기원起源의 탐구와 재현

이인평 시인은 이번 시집에서 자신의 존재론적 기원(origin)을 노래하는 데 진력하고 있다. 그것은 오랜 시간의 적층積層에서 발원하는 것으로서, 직접적으로는 자신을 가능하게 한 어머니와 아버지를 향한 기억에서 생성되어간다. 오랜 시간을 쌓아 이루어진 기억의 지층에서 시인은 자신이 치러온 경험을 떠올리면서, 그 과정을 통해 그분들을 선명하게 재현해간다. 그러한 미학적 의지를 통해 생의 고고학적 지경을 탐색하는 것이 말하자면 이인평 시의 전제인 셈이다. 그리고 그것을 감싸안은 커다란 후경後景이 아마도 시인의 애틋한 마음일 터인데, 그 마음속에서 시인은 자신의 기원을 형성하고 유지해준 성스러운 존재자를 소환해온다. 말하자면 지극한 기억의 언어를 통해 존재론적 기원과 만나는 고전적 목소리를 들려주는 것이다. 그는 동일성의 감각에서 구축되는 이러한 기억의 원리를 통해 모든 시공간의 균형적 공존을 배열해간다. 그만큼 이인평은 사물의 질서와 내면의 경험을 결합하면서 그 과정에서 발생하는 화음和音을 포착하는 데 진력하는 전형적인 서정시인인 셈이다. 다음 작품을 먼저 읽어보도록 하자.

> 어머니가 바느질하듯
> 시를 쓴다
>
> 한 땀 마음 한 줄 정성이 시로 빚어져서
> 눈앞에 선한 어머니 모습
>
> 동치미를 꺼내 오는
> 어머니의 눈 밟는 발소리에
> 절로 입맛이 돌 듯
> 추억의 기쁨이 시로 배인다
>
> 한 땀 모정의 한 줄 그리움이
> 바늘 끝처럼 행간을 깨운다
> ―「바느질」 전문

어머니의 평생 '바느질'은 시인의 평생 '시쓰기'와 고스란히 대응된다. 아닌 게 아니라 시인은 "어머니가 바느질하듯/시를" 쓴다고 고백하고 있다. 어머니는 시인의 기억 속에 "한 땀 마음 한 줄 정성"으로 바느질을 하셨다. 그렇듯이 시인이 써가는 시도 그러한 정성으로 빚어진 것이다. 그 순간 "눈앞에 선한 어머니 모습"과 "동치미를 꺼내 오는/어머니의 눈 밝는 발소리"가 보이고 들리면서, 시인은 절로 입맛이 도는 것처럼 "추억의 기쁨이 시"가 되어가는 것을 느낀다. 그렇게 "한 땀 모정의 한 줄 그리움"이 "바늘 끝처럼 행간을 깨운" 순간에 '바느질=시쓰기'의 등식이 완성된 것이다. 이처럼 이인평 시인은 각별한 회상을 통해 "어머니와 내가 맨발로 서서/맑은 하늘 보며 미소 짓던 시절"(「고향은 홀로」)을 재현하고 있다. 소중하고 아름다운 기억이 가파른 현실을 살아가는 힘이 되어준 빛나는 사례일 것이다. 다음은 어떠한가.

> 사십여 년 전, 아버지의 상여가 떠오르는 건
> 그때는 몰랐던 꽃빛깔 때문
>
> 아직 관을 상여에 얹기 전
> 햇살 머금은 상여꽃의 양감에 슬픔이 배어들어
> 한 번 떠나면 다시 돌아올 수 없는
> 아버지의 미소 같았던
> 노란 꽃, 파란 꽃, 하얀 꽃, 붉은 꽃들
>
> 한평생 농부로 살아온 아버지의 설움 같은

마지막으로 기억할 아버지의 유언 같은
꽃빛들

내가 죽기 전까진
아버지의 죽음은 늘 오늘
나 죽는 날, 아버지도 마저 떠날
상여꽃만큼도 화려하지 못한 요즘 같으면
슬픔 머금은 꽃빛을 보며
추념할 사이도 없겠지

요령 소리며 하관 후에 활활 태우는
꽃상여의 마지막 불꽃을 보며
함께 타오를 애통함도 없겠지

그땐, 마당가에 꽃상여가 놓이는 순간
슬픔도 색색으로 피어 있는 꽃들이
나를 달래주는 아버지의 숨결 같아
지금도 내 눈물 속엔 상여꽃
아른아른 맺힌다

―「상여꽃」 전문

  이번에는 아버지의 모습이 '상여꽃'이라는 구체적 사물을 통해 다가온다. 오래 전에 돌아가신 아버지의 모습은 '상여꽃'의 선연한 빛깔과 함께 떠오른다. 그때는 미처 몰랐던 그 빛깔은 관을 상여에 얹기 전 "햇살 머금은 상여꽃의 양감"으로 남았고, 시인은 그 양감에 배인 슬픔에 "아버지의 미소 같았던/노란 꽃, 파란 꽃, 하얀 꽃, 붉은 꽃들"을 결속해둔 것이다. 한평생 농부로 살아온 아버지의 설움 같은 꽃빛깔들은 지금도 "아버지의 유언"처럼 시인의 마음에 다가들고 있다. 그러니 자연스럽게 "아버지의 죽음은 늘 오늘"이 될 수밖에 없었을 것이다. "마당가에 꽃상여가 놓이는 순간"에 상여꽃 빛깔들이 아버지의 숨결처럼 "지금도 내 눈물 속"으로 맺힌다는 고백 속에 "생의 아픔을 고이 껴안고도 남을"(「11월의 편지」) 아름다움이 번져가고 있지 않은가.

우리가 잘 알고 있듯이, 모든 서정시는 자기 기원에 대한 기억과 동질적 자기 확인의 과정을 중심적인 창작 동기로 삼는다. 비록 그것이 사회적 발언을 품고 있다 하더라도, 서정시의 근원적 존재 방식은 궁극적으로 자기 귀환을 시도하는 데 있기 때문이다. 따라서 서정시의 기저基底에는 시인 자신이 오랫동안 겪은 절실한 경험 가운데 가장 내구성 있는 기억들이 들어 있게 마련이다. 그 점에서 이인평의 이번 시집은 오랜 시간 시인 자신의 경험 속에 쌓아온 시간을 모아놓은 기억의 축도縮圖라고 말할 수 있을 것이다. 아닌 게 아니라 시인은 지나온 시간 속에 머무르던 사람들, 풍경들, 사물을 불러내어 시간의 풍화를 타지 않고 선명하게 인화된 기억을 그 안에 담아 세세하게 보여준다. 그 기억은 그리움에 감싸인 근원적인 것인데 시인은 그 세목들을 아름답게 재현해내고 있는 것이다. 그 가운데서도 특별히 존재론적 기원의 탐구와 재현 과정에서 나타난 부모님의 잔상殘像이 가장 아름답고 아프고 선명하게 들어 있다.

3. '시적인 것'이 태어난 자연과 인물에 대한 그리움

나아가 이인평 시인의 존재를 가능하게 했던 기원은 시간의 흐름을 따라 더욱 확장되어간다. 그것은 때로는 광대한 자연 사물로 나타나기도 하고, 때로는 특정 개인으로 나타나기도 한다. 그런데 그가 자연이나 인물을 표현하는 이미지는 결코 정태적 상태를 지향하지 않는다. 오히려 이때 그의 시는 내면 경험의 활력을 드러내는 역동성의 세계를 환기한다. 그리고 다양한 사물과 관념에 고유한 질감을 부여하는 안목과 그것을 언어의 물질성으로 바꾸어내는 조형 능력을 동시에 보여준다. 그 점에서 우리는 이인평 시인의 예술적 역량을 통해 그가 자연과 인물을 호출하고 구성해가는 구체적이고 역동적인 이미지를 만나게 된다. 요컨대 시인이 구현하는 이미지는 내면의 활력과 사물의 구체성이 만나는 감각 재생 과정에서 발원하여, 선명한 기억을 통해 삶을 조형하는 세계로 확산해가는 것이다. 이러한 성취는 그의 시에서 가장 찬연한 빛을 발한다.

> 너는 나의 어머니 뱃속 같았지
> 나를 낳아줄 때
> 한꺼번에 양수가 터진 것처럼
> 장마철이면 온 산에서 물이 흘러넘쳤지
>
> 만삭이 되면 구름도 부풀고
> 수묵화처럼 산안개가 피어오르는 날
> 너는 영원히 잊을 수 없는

웅대한 기상을 내 안에 깊이 심어 주었지

장차 너를 만날 수 없으리라는 것을 알고
어린 나를 능선 이리저리로 구르게 하여
지문처럼 너를 내게 새겨 주었지

네 품은 워낙 커서
장차 내 설움까지 아늑히 품어줄 요량으로
젖을 빨리고 밥을 먹여서
죽도록 견뎌낼 희망을 뼈에 다져 넣고는
가라, 떠나라 했지

어딜 간들 너만 한 어미가 있으랴
다 살고 나도 네 품일 수밖에 없는 산아
다 겪고 나도 네 사랑일 수밖에 없는 산아
대처를 돌며 세월이 흘렀어도
어머니! 어머니! 하고 너를 부른다

—「지리산」 전문

  어머니 뱃속처럼 지리산은 '나'를 낳아주고 키워주었다. 어머니의 양수처럼 물이 흘러넘치던 지리산, 만삭이 되어 수묵화처럼 산안개를 피워 올리던 지리산, 그것은 "영원히 잊을 수 없는/웅대한 기상"을 시인에게 허락하였다. 장차 다시 만날 수 없다는 것을 예감이라도 한 듯 지리산은 능선 이리저리로 '나'를 구르게 하여 자신을 지문처럼 새겨주기도 하였다. 그렇게 "장차 내 설움까지 아늑히 품어줄 요량"과 "죽도록 견뎌낼 희망"을 허락한 지리산은 시인에게 영원한 '품'이고 '사랑'일 수밖에 없었을 것이다. 그래서인지 시인은 지리산을 두고 "어머니! 어머니!"라고 부르면서 그 광대한 자연이 자신의 정신적 젖줄이자 수원水源이었음을 고백하고 있다. "말 없는 사랑으로 물결의 파문을 그리며/햇살을 따라 흥겹게 둥실"(「우린 청둥오리」) 떠오르던 시점을 그리면서 시인은 "죽을 때까지 제대로 살고/사는 날까지 제대로 죽어가서/죽기까지/더없이 행복했던"(「사막의 장미 2」) 시간을 되새기고 있는 것이다. 이 또한 시인의 정신적 성숙 과정에서 불가피하게 고백되어야 할 자산이 아닐 수 없을 것이다.

> 사백 년 된 초지진 노송 두 그루가
> 설경을 뿜낼 때
> 내 가슴에서
> 추억이 하얗게 녹아내린다
>
> 겨울에서 봄으로 가는 길목을
> 눈보라로 휘감는 숨결에
> 함께 왔던
> 그분이 되살아온다
>
> 그때나 지금이나
> 시를 품고 오가는 몸이건만
> 유난히 그리움을 쓸어 담는 설한풍에
> 울먹이지 않아도 눈시울이 젖는다
>
> 소나무여, 너는 사백 년을 살아
> 노옹의 혜안으로 나를 굽어보는가
> 스승도 애인도 없는 날 보며

의연한 기품으로 내 회상을 안아주니
슬픔도 푸르게 곧아 밀물진다
—「초지진에서」 전문

시인은 "사백 년 된 초지진 노송 두 그루"를 바라본다. 나무들이 설경을 뽐낼 때 비로소 떠오르는 추억은 "겨울에서 봄으로 가는 길목"을 함께 나누었던 수연水然 박희진朴喜璡 시인에 관한 것이다. "눈보라로 휘감는 숨결에/함께 왔던/그분"은 "그때나 지금이나/시를 품고 오가는 몸"으로 다가와서 "유난히 그리움을 쓸어 담는" 순간을 선사한다. 울먹이지 않아도 눈시울이 젖는 그 순간, 시인은 소나무처럼 "노옹의 혜안"을 가졌을 수연 선생의 "의연한 기품"을 회상한 것이다. 슬픔도 푸르게 곧아 밀물지는 강화도 초지진에서 '시인 이인평'의 정신적 기원 하나가 피어나고 있는 셈이다. 나아가 시인은 자신의 "시는 마침내 그리움"(「홍시」)임을 절감하면서 "쪽배에 실린 몸, 쪽배에 적힌 시가 되어/홀로, 홀로"(「쪽배 홀로」) 나아가는 과정을 온몸으로 사랑해갈 것이다.

서정시는 근원적으로 인간 존재에 대한 해석과 성찰을 고유한 언어 안에 담아내는 시간예술이다. 그리고 사물과 인물에 대한 경험과 그로 인한 독자적 반응을 통해 존재의 근원을 상상하고 묻는 방법을 줄곧 선택한다. 지나온 시간에 대한 경험과 해석 그리고 그로 인한 심미적 기억을 재현한다는 점에서도 일관성을 보여준다. 그래서 우리는 서정시의 이러한 속성이 바로 존재의 근원을 사유하는 원리에 의해 펼쳐진다고 말할 수 있을 것이다. 이인평의 시는 내면의 토로와 사물의 모사模寫라는 양 편향을 넘으면서, 사물과 내면이 부딪치는 현장이 '시적인 것'이 태어나는 곳이라는 예술적 자각을 선명하게 보여준다. 결국 이인평은 사물과 내면 사이에서 시적 비의秘義를 발견하고 그것을 생의 이법理法으로 승화함으로써 자신의 존재 원리를 구축해가는 시인이라고 할 수 있을 것이다. 그때 비로소 '시적인 것'이 태어난 자연과 인물에 대한 그리움이 하나 하나 완성되어간다.

4. 근원적 힘으로서의 새로운 존재 생성의 원리

이번 시집 『빛으로 남은 줄 알겠지』의 저류底流에는 이인평 시인만이 가진 넉넉한 서정의 폭과 깊이가 가득 들어 있다. 대체로 그것은 시간을 둘러싼 경험과 관련이 깊은데, 시인은 지나온 시간의 심연을 되돌아보려는 의지를 드러냄으로써 자신만의 서정적 모티프를 줄곧 탐색해간다. 사실 시간이란 시적 대상이기에 앞서 서정시의 편재적 조건일 것이다. 그러나 시인은 그러한 시간의 속성 안에서 생의 '다른 목소리(the other voice)'를 들으면서, 그리고 시간의 흐름과 그 후에 남겨진 흔적을 통해, 자신만의 존재 전환을 상상적으로 수행해간다. 그만큼 시인에게는 시간 자체가 중요한 대상이 되며, 동시에 시인은 그 유추적 형상과 논리를 품음으로써 세계내적 존재로서 살아가는 자신을 삶을 새롭게 성찰할 수 있게 된다. 이때 새로운 존재 생성의 원리가 그에게 근원적 힘이 되어준 것이다. 다음 시편을 한번 읽어보자.

> 빛과 어둠 사이에서
> 너는 흘러내린다
>
> 숨죽이며 살아온 일들도
> 천차만별의 아픔들도
> 때에 이르러 멈춘다
>
> 이것도 저것도 아닌
> 나도 너도 아닌
> 스스로 휩쓸리는 사이에
> 목숨은 흘러내려
>
> 너무 많은 것들의 생애가
> 서걱거리는 동안
> 더는 시간이 없다고
> 갑자기 떠날 때가 올 때까지는
> 흘러내려야 할 것이다
>
> ―「모래시계」 전문

'모래시계'의 외관과 속성을 빌려 인생의 비밀을 은유한 작품이다. "빛과 어둠 사이에서" 흘러내리는 모래시계는 "숨죽이며 살아온 일들도/천차만별의 아픔들도" 때에 따라 멈추게 하는 고유한 속성을 가지고 있다. 이런저런 일로 세상에 휩쓸릴 때마다 목숨은 모래처럼 끊임없이 흘러내려 갔을 것이다. 그렇듯 우리의 삶도 "더는 시간이 없다고/갑자기 떠날 때가 올 때까지" 지속적으로 흘러내려야 할 것이다. 그렇게 '모래시계'는 "미풍이 폭풍으로 변하고/폭풍이 미풍으로 변하기까지/나도 내 마음을 모르는 세상"(「바다를 품다」)을 규율하고 조정해주는 삶의 비의秘義를 은유하고 있다. "인생이 늘 모자라 흔들리는 것처럼"(「피에로가 되어 볼까」) 모래시계는 우리의 과부족을 암시하면서 시간이라는 원천적 제약 속에서도 열심히 살아가야 할 우리의 존재론적 지표를 선사하고 있다 할 것이다.

　　순을 내밀어 제 세상을 둘러본다
　　공사장 옆 길가에 살아
　　밟힐 때마다 몸을 튼다

　　땅을 기어가는 여린 줄기들
　　목이 비틀리고 허리가 꼬인다

　　나팔꽃은 상처투성이다
　　줄기가 밟히면 줄기를 싸매고
　　순이 뭉개지면 다시 새순을 틔우고
　　오월 내내 상처로 허덕인다
　　유월의 첫 고비에도
　　신음하면서 꽃을 피우려고 줄기를 오므린다
　　꽃피우지 못하고 몸부림치는 나팔꽃은
　　온몸이 아픈 채로 길가에 간신히 누워버린다

　　골병든 사지와 뼈가 저린다
　　장마통에 잘린 나뭇가지 하나가
　　우연 나팔꽃 곁으로 휩쓸려와 걸쳤다
　　나팔꽃은 안간힘을 다해서 나뭇가지를 움켜쥔다
　　서로의 아픔을 위로하듯 보듬어 준다

꽃피우기를 잠시 멈추고
나뭇가지를 끌어당기며 타고 오른다

더 이상 밟히지 않을
나뭇가지에다 제 몸을 널어 두고
드디어 나팔꽃을 피워내기 시작한다
넝쿨마다 울음을 토하듯 꽃을 피워 낸다
귀를 기울이면 숨 가쁜 날들이 들숨 날숨
새파란 울음이 길다
까만 구슬처럼 단단하게 여문 씨앗들을
길가로 터트릴 땐 하늘도 떤다

―「나팔꽃」 전문

　나팔꽃은 공사장 옆 길가에 피어 몸이 밟힐 때마다 순을 내밀어 자신의 세상을 둘러본다. 비록 상처투성이지만 나팔꽃 여린 줄기는 밟히면 밟히는 대로 줄기를 싸매고 순이 뭉개지면 뭉개지는 대로 새순을 다시 틔워간다. 오뉴월 상처로 고통스럽던 시간을 넘어 나팔꽃은 스스로를 피우려고 줄기를 오므리는데, 그때 "장마통에 잘린 나뭇가지"와 일종의 심리적 연대를 이루면서 "안간힘을 다해서 나뭇가지를 움켜쥔" 채 서로의 아픔을 보듬기도 한다. 결국 나팔꽃은 나뭇가지에 제 몸을 널어두고 드디어 꽃을 피운다. 까만 구슬처럼 단단히 여문 씨앗들을 길가로 터트릴 때는 하늘도 떨림을 흘려보낸다. 이러한 나팔꽃 상징이야말로 강인한 생명력을 포용해가는 이인평 시학의 주제적 핵심을 잘 담아내고 있다. 시인은 어디선가 "세월이 우리를 쓸어가기 전에 사랑을"(「사랑을 위한 뮤지

킬」) 하자고 했는데 시인은 "기린의 황토색무늬처럼 가슴이 뛰는 천성으로"(「기린」) 그러한 환희 어린 사랑을 우리에게 보여준 것이다. 그때 비로소 "생명은 반짝반짝/끝없이"(「갯벌인 너는」) 이어져가는 순간이 다가오는 것이다.

이처럼 이인평의 시는 풍경과 내면의 선연한 조응을 바탕으로 하면서, 그것이 가장 궁극적인 삶의 기율이 되게끔 하는 정신적 견인堅忍의 속성을 부여해간다. 그래서 우리는 그것이 수세적인 그리움에 머무르지 않고 오히려 역동적이고 생성 지향적인 에너지를 내장하고 있는 세계라 이해할 수 있다. 오랜 시간의 흐름 속에서 이루어가는 사물과 내면의 결속이, 감각의 구체성과 정신의 가열함이, 처연하고도 애잔하고도 아름다운 풍경으로 펼쳐져 있는 것이다. 말할 것도 없이, 이러한 생명 지향의 시학은 대상을 바라보는 이인평 시인의 따뜻한 시선에서 빚어지는 것이다. 자연 사물들의 강인한 생명력을 경이로움으로 노래해가는 이인평의 시는 그 점에서 우리를 생의 잔잔한 활력으로 안내해간다고 할 수 있을 것이다. 이때 자연 사물은 한결같이 모성이나 신성의 차원을 부여받은 생명 원리로서의 완결성을 띠게 된다. 이러한 감각을 통해 시인은 사물과 사물 사이에 미세하게 펼쳐지는 생명의 문양紋樣에 대한 탐사를 지속해간다. 그렇게 근원적 힘으로서의 새로운 존재 생성의 원리가 이인평의 필치를 따라 펼쳐지고 있는 것이다.

5. 우리 삶의 창조적 환영幻影

요컨대 이인평의 시는 내면 혹은 주관으로의 급격한 경사를 제어하면서 자연 사물의 스스로 있음과 그 안에서 새로운 해석을 덧입혀가는 시인 스스로의 느낌을 표현해간다. 이때 우리는 사물의 구체성과 그에 대응되는 시인의 반응과 해석을 동시에 경험하게 된다. 다시 말해 삶을 환기하는 사물을 발견하고 거기에 새로우면서도 역동적인 해석을 덧붙여간 서정의 최전선을 만나게 되는 것이다. 이때 시인은 자연 사물을 시의 대상으로 삼으면서도 그 물질성 안에 갇히는 게 아니라 근원 지향의 정신을 통해 한 차원 높아진 마음을 환기해간다. 또한 이인평의 시가 구현하는 음역音域은 생명의 여러 양상에 대한 깊은 사유와 감각에서 찾아지기도 하는데, 여기서는 주로 '꽃'과 '새'가 집중적인 관찰 대상이 되고 있다. 이인평 시학을 확연하게 감싸고 있는 자연 사물의 실재들이 여기서 반갑게 등장하게 된다.

    이른 봄 햇살이
    금가루를 뿌려 놓았다

    맑은 하늘 아래
    햇볕을 곱게 받으며
    어머니와 표정이 환했던 추억이
    가슴에서 핀다

    천 년 전 중국에서
    시집온 처녀가 처음 심었다는

> 산수유 시목始木
> 온 마을을 노랗게 물들인 추억같이
> 어머니는 지금 하늘나라에서도
> 이 꽃들을 보고 계실까
>
> 봄마다 새색시의 설렘같이
> 환한 꽃송이들을
>
> ―「산수유, 산수유」 전문

전남 구례군 산동면 소재 산수유마을에서 시인은 "이른 봄 햇살이/금가루를 뿌려"놓은 듯한 시절의 산수유를 바라본다. 맑은 하늘 아래 쏟아지는 햇볕을 곱게 받으며 핀 그 꽃은 시인으로 하여금 어머니와의 추억을 떠올리게끔 해준다. 오래 전 중국에서 시집을 온 처녀가 심었다는 "산수유 시목"을 환기하면서 시인은 "온 마을을 노랗게 물들인 추억같이/어머니"를 떠올리는 것이다. 봄마다 새색시의 설렘같이 환하게 피어난 꽃송이들을 결국 어머니에 대한 한없는 그리움으로 연결한 시편인 셈이다. 이는 "떨어져 죽을 정도로/몸을 던져 버리고 싶은"(「폭포」) 마음도, "한평생을 다 산다 해도/풀리지 않을 수수께끼"(「내 마음의 방향」)도, 결국 자연 안에 있음을 알게 해주는 아름다운 실례일 것이다.

> 내가 이른 새벽에 시를 쓰고 있을 때,
> 황조롱이도 새끼들을 둥지에 놓아둔 채
> 먹이 사냥을 나갔다

> 황조롱이는 좌절을 모른다
> 그들에게도 삶과 죽음은 운명일 뿐,
> 열심히 날고, 열심히 낳고
> 열심히 새끼들을 기르는 모습은
> 축복받은 자연의 숨결이다
>
> 황조롱이는 빠르고 용맹하고 검소하다
> 먹이도 용맹도 낭비하지 않는다
> 하루하루 두려움 없이 살아가는 용기,
> 황조롱이에게서 은총을 깨닫는다
> ―「황조롱이 일지 6」 전문

 시인은 "황조롱이는 맹금"(「황조롱이 일지 4」)이라고 선언한다. 그 새는 맹금猛禽답게 시인이 일찍 일어나 새벽에 시를 쓰고 있을 때 새끼들을 둥지에 놓아둔 채 먹이 사냥을 나간다. 그렇게 황조롱이는 삶과 죽음을 운명이라고 여기면서 열심히 날고 낳고 새끼를 기른다. 그것 자체로 시인에게는 "축복받은 자연의 숨결"인 셈이다. 빠르고 용맹하고 검소한 그 새는 "두려움 없이 살아가는 용기"를 통해 시인으로 하여금 은총을 깨닫게끔 한 것이다. 이러한 "아파트 25층 작은방 발코니에서/7년째 터 잡고 있는 황조롱이 한 쌍"(「황조롱이 일지 1」)을 통한 깨달음의 과정은 "나는 모든 것을 버리고/시혼의 날개를 얻었다"(「황조롱이 일지 5」)라는 깨달음으로 이어져가기도 한다.
 일찍이 벤야민(W. Benjamin)은 외부 세계와 내면 의식의 순간적 통일, 가령 세계의 근원이나 자연 사물과 주체의 순간적 합일을 '아우라(Aura)의 경험'이라 부른 바 있다.

그것은 사물의 일회적이고 고유한 속성이자 그 순수 외현外現으로서, 시인은 사물을 통해 순간적으로 이러한 경험을 누리게 된다. 이인평의 시에는 순연한 감각의 아우라가 섬광처럼 나타날 때가 많다. 그리고 우리는 그 순간을 통해 서정시의 빛나는 암시적 속성을 한껏 느끼게 된다. 이인평 시인이 포착한 '꽃'과 '새'의 외관과 속성은 바로 이러한 아우라의 탈환에 크게 기여하고 있다. 그럼으로써 우리도 그것들을 삶의 창조적 환영幻影으로 받아들이게 되며, 그 환영을 통해 궁극적인 이인평 시학의 기둥을 환하게 만나게 되는 것이다.

6. 새로운 화법과 무늬에 배인 아름다운 인생론적 순간

두루 알다시피, 서정시는 삶의 상처에 대한 기억을 순간적 잔상으로 점화點火함으로써, 그 안에 인생과 예술이 맺는 연관성을 보여주는 첨예한 언어예술이다. 그래서 시인들은 자신이 겪어온 고통이나 상처를 심미적으로 노래함으로써 그것을 상상적으로 치유하는 제의祭儀 과정을 치러간다. 그 점에서 '시인'이란 삶에 깊이 남겨진 상처를 통해 자신의 근원과 현재형을 동시에 노래하는 존재자라고 할 수 있다. 이인평 시인은 개인과 공동체 차원에서 경험해온 상처들을 그 근저에서부터 위무하고 치유하는 직임을 차분하게 수행함으로써, 이러한 시적 사제司祭의 몫을 수행해낸다. 이는 생명 존중의 사유와 통하는 이형동궤異形同軌의 권역이라고 할 수 있을 것이다.

이렇게 남다른 기억의 깊이에 의해 구성된 이인평의 시는 삶을 위무하는 심원한 심안心眼의 서정을 우리에게 허락할 것이다. 더없이 웅숭깊은 시선을 보여준 이번 시집의 성취는 시인 스스로에게는 새로운 화법과 무늬를 선사할 것이고, 읽는 우리에게는 아름다운 인생론적 순간들을 여러 번 만나게 해줄 것이다. 최상의 성취를 이룬 시집 『빛으로 남은 줄 알겠지』의 빛나는 상재를 마음 깊이 축하드린다. 따뜻한 기억을 소중하게 담아 서정시의 한 진경進境을 보여준 이번 시집을 품고 넘으면서, 이인평 시인이 다음 행보도 더 멋지고 아름답게 구현해가기를 소망해본다.

이인평

1993년『조선문학』, 2000년『평화신문』으로 등단.
시집『길에 쌓이는 시간들』,『가난한 사랑』,『명인별곡』,『후안 디에고의 노래』1, 2집,『소금의 말』. 번역시집『Yo Soy Juan Diego Coreano』.
조선문학상, 한국가톨릭문학상, 장관표창 수상.
국제펜한국본부 이사, 한국문협 숲문화위원, 한국시협 상임위원, 공간시낭독회 회장, 녹색문학상운영위원 및 심사위원 역임. 현 시사랑문화인협의회 감사, 한국인물전기학회 이사, 한국가톨릭문인협회 부이사장.

서정시학 시인선 209
빛으로 남은 줄 알겠지

2023년 12월 11일 초판 1쇄 발행

지 은 이 · 이인평
펴 낸 이 · 최단아
편집교정 · 정우진
펴 낸 곳 · 도서출판 서정시학
인 쇄 소 · ㈜상지사
주 소 · 서울시 서초구 서초중앙로 18, 504호 (서초쌍용플래티넘)
전 화 · 02-928-7016
팩 스 · 02-922-7017
이 메 일 · lyricpoetics@gmail.com
출판등록 · 209-91-66271

ISBN 979-11-92580-21-0 03810

계좌번호: 국민 070101-04-072847 최단아(서정시학)
값 13,000원

* 잘못된 책은 바꾸어 드립니다.

서정시학 시인선

001 드므에 담긴 삽 강은교, 최동호
002 문열어라 하늘아 오세영
003 허무집 강은교
004 니르바나의 바다 박희진
005 뱀 잡는 여자 한혜영
006 새로운 취미 김종미
007 그림자들 김 참
008 공장은 안녕하다 표성배
009 어두워질 때까지 한미성
010 눈사람이 눈사람이 되는 동안 이태선
011 차가운 식사 박홍점
012 생일 꽃바구니 휘 민
013 노을이 흐르는 강 조은길
014 소금창고에서 날아가는 노고지리 이건청
015 근황 조항록
016 오늘부터의 숲 노춘기
017 끝이 없는 길 주종환
018 비밀요원 이성렬
019 웃는 나무 신미균
020 그녀들 비탈에 서다 이기와
021 청어의 저녁 김윤식
022 주먹이 운다 박순원
023 홀소리 여행 김길나
024 오래된 책 허현숙
025 별의 방목 한기팔
026 사람과 이 길을 걸었네 이기철
027 모란으로 가는 길 성선경
029 동백, 몸이 열릴 때 장창영
030 불꽃 비단벌레 최동호
031 우리시대 51인의 젊은 시인들 김경주 외 50인
032 문턱 김혜영
033 명자꽃 홍성란
034 아주 잠깐 신덕룡
035 거북이와 산다 오문강
036 올레 끝 나기철
037 흐르는 말 임승빈
038 위대한 표본책 이승주
039 시인들 나라 나태주
040 노랑꼬리 연 황학주
041 메아리 학교 김만수
042 천상의 바람, 지상의 길 이승하
043 구름 사육사 이원도
044 노천 탁자의 기억 신원철
045 칸나의 저녁 손순미
046 악어야 저녁 먹으러 가자 배성희
047 물소리 천사 김성춘
048 물의 낯에 지문을 새기다 박완호
049 그리움 위하여 정삼조
050 샤또마고를 마시는 저녁 황명강

051 물어뜯을 수도 없는 숨소리 황봉구
052 듣고 싶었던 말 안경라
053 진경산수 성선경
054 등불소리 이채강
055 우리시대 젊은 시인들과 김달진문학상 이근화 외
056 햇살 마름질 김선호
057 모래알로 울다 서상만
058 고전적인 저녁 이지담
059 더 없이 평화로운 한때 신승철
060 봉평장날 이영춘
061 하늘사다리 안현심
062 유씨 목공소 권성훈
063 굴참나무 숲에서 이건청
064 마침표의 침묵 김완성
065 그 소식 홍윤숙
066 허공에 줄을 긋다 양균원
067 수지도를 읽다 김용권
068 케냐의 장미 한영수
069 하늘 불탱 최명길
070 파란 돛 장석남 외
071 숟가락 사원 김영식
072 행성의 아이들 김추인
073 낙동강 시집 이달희
074 오후의 지퍼들 배옥주
075 바다빛에 물들기 천향미
076 사랑하는 나그네 당신 한승원

077 나무수도원에서 한광구
078 순비기꽃 한기팔
079 벚나무 아래, 키스자국 조창환
080 사랑의 샘 박송희
081 술병들의 묘지 고명자
082 악, 꽁치 비린내 심성술
083 별박이자나방 문효치
084 부메랑 박태현
085 서울엔 별이 땅에서 뜬다 이대의
086 소리의 그물 박종해
087 바다로 간 진흙소 박호영
088 레이스 짜는 여자 서대선
089 누군가 잡았지 옷깃 김정인
090 선인장 화분 속의 사랑 정주연
091 꽃들의 화장 시간 이기철
092 노래하는 사막 홍은택
093 불의 설법 이승하
094 덤불 설계도 정정례
095 영통의 기쁨 박희진
096 슬픔이 움직인다 강호정
097 자줏빛 얼굴 한 쪽 황명자
098 노자의 무덤을 가다 이영춘
099 나는 말하지 않으리 조동숙
100 닥터 존슨 신원철
101 루루를 위한 세레나데 김용화
102 골목을 나는 나비 박덕규

103 꽃보다 잎으로 남아　이순희
104 천국의 계단　이준관
105 연꽃무덤　안현심
106 종소리 저편　윤석훈
107 칭다오 잔교 위　조승래
108 둥근 집　박태현
109 뿌리도 가끔 날고 싶다　박일만
110 돌과 나비　이차규
111 적빈赤貧의 방학　김종호
112 뜨거운 달　차한수
113 나의 해바라기가 가고 싶은 곳　정영선
114 하늘 우체국　김수복
115 저녁의 내부　이서린
116 나무는 숲이 되고 싶다　이향아
117 잎사귀 오도송　최명길
118 이별 연습하는 시간　한승원
119 숲길 지나 가을　임승천
120 제비꽃 꽃잎 속　김명리
121 말의 알　박복조
122 파도가 바다에게　민용태
123 지구의 살점이 보이는 거리　김유섭
124 잃어버린 골목길　김구슬
125 자물통 속의 눈　이지담
126 다트와 주사위　송민규
127 하얀 목소리　한승헌
128 온유　김성춘

129 파랑은 어디서 왔나　성선경
130 곡마단 뒷마당엔 말이 한 마리 있었네　이건청
131 넘나드는 사잇길에서　황봉구
132 이상하고 아름다운　강재남
133 밤하늘이 시를 쓰다　김수복
134 멀고 먼 길　김초혜
135 어제의 나는 내가 아니라고　백 현
136 이 순간을 감싸며　박태현
137 초록방정식　이희섭
138 뿌리에 관한 비망록　손종호
139 물속 도시　손지안
140 외로움이 아깝다　김금분
141 그림자 지우기　김만복
142 The 빨강　배옥주
143 아무것도 아닌, 모든　변희수
144 상강 아침　안현심
145 불빛으로 집을 짓다　전숙경
146 나무 아래 시인　최명길
147 토네이토 딸기　조연향
148 바닷가 오월　정하해
149 파랑을 입다　강지희
150 숨은 벽　방민호
151 관심 밖의 시간　강신형
152 하노이 고양이　유승영
153 산산수수화화초초　이기철
154 닭에게 세 번 절하다　이정희

155 슬픔을 이기는 방법　최해춘
156 플로리안 카페에서 쓴 편지　한이나
157 너무 아픈 것은 나를 외면한다　이상호
158 따뜻한 편지　이영춘
159 기울지 않는 길　장재선
160 동양하숙　신원철
161 나는 구부정한 숫자예요　노승은
162 벽이 내게 등을 내주었다　홍영숙
163 바다, 모른다고 한다　문 영
164 향기로운 네 얼굴　배종환
165 시 속의 애인　금동원
166 고독의 다른 말　홍우식
167 풀잎을 위한 노래　이수산
168 어리신 어머니　나태주
169 돌속의 울음　서영택
170 햇볕 좋다　권이영
171 사랑이 돌아오는 시간　문현미
172 파미르를 베고 누워　김일태
173 사랑허유, 강　김익두
174 있는 듯 없는 듯　박이도
175 너에게 잠을 부어주다　이지담
176 행마법　강세화
177 어느 봄바다 활동성 어류에 대한 보고서　조승래
178 터무니　유안진
179 길 위의 피아노　김성춘
180 이혼을 결심하는 저녁에는　정혜영

181 파도 땋는 아바이　박대성
182 고등어가 있는 풍경　한경용
183 0도의 사랑　김구슬
184 눈물을 조각하여 허공에 걸어 두다　신영조
185 미르테의 꽃, 슈만　이수영
186 망와의 귀면을 쓰고 오는 날들　이영란
187 속삭이는 바나나　지정애
188 더러, 사랑이기 전에　김판용
189 물빛 식탁　한이나
190 두 개의 거울　주한태
191 만나러 가는 길　김초혜
192 분꽃 상처 한 잎　장 욱
196 하얗게 말려 쓰는 슬픔　김선아
197 극락조를 기다리며　허창무
198 늙은 봄날　윤수천
199 뒤뚱거리는 마을　이은봉
200 신의 정원에서　박용재
201 바다로 날아간 나비　이병구
202 절벽 아래 파안대소　이병석
203 숨죽이며 기다리는 결정적 순간　박병원
204 왜왜　김상환
205 사랑의 시차　박일만
206 목숨 건 사랑이 불시착했다　안영희
207 달팽이 향수병　양해연
208 기억은 시리고 더듬거린다　김윤